Deutsch

Friederike Wilhelmi

Der neue Bruder

LEKTÜRE FÜR JUGENDLICHE
MIT AUDIOS ONLINE

Hueber Verlag

Cover: 2 Jungen © Getty Images/iStock/Westend61;
Mädchen © Getty Images/iStock/Prostock-studio
Illustrationen: Cornelia Seelmann, Berlin

Einen kostenlosen MP3-Download zu diesem Titel finden Sie unter
www.hueber.de/audioservice.

Sprecherin: Stefanie Dischinger
Hörproduktion: Scheune München mediaproduction GmbH

3. 2. 1. | Die letzten Ziffern
2027 26 25 24 23 | bezeichnen Zahl und Jahr des Druckes.
Alle Drucke dieser Auflage können, da unverändert, nebeneinander benutzt werden.
1. Auflage

Umschlaggestaltung: Sieveking · Agentur für Kommunikation, München
Layout und Satz: Sieveking · Agentur für Kommunikation, München
Verlagsredaktion: Heike Birner, Hueber Verlag, München
Druck und Bindung: Friedrich Pustet GmbH & Co. KG, Regensburg
Printed in Germany
ISBN 978-3-19-568580-1

Art. 530_29786_001_01

Inhalt

Das Hörbuch zur Lektüre und die Tracks zu den Übungen stehen als kostenloser Download bereit unter www.hueber.de/audioservice.

Wer ist wer?

Emma ist 15 Jahre alt. Ihr Leben ist eigentlich sehr schön. Sie mag ihren kleinen Bruder, ihre Mama, ihren Papa und ihre beste Freundin Linda. Aber in diesem Sommer lassen sie alle im Stich. Sogar die Sommerferien bei Omi fangen gar nicht gut an.

Simon ist Emmas kleiner Bruder. Er ist 12 Jahre alt. Simon spielt gern Brettspiele mit Emma und er schaut gern Serien. Leider lässt Mama ihn viel zu selten Serien schauen. Das ist in diesem Sommer zum Glück anders.

Wanja ist 16 Jahre alt und geht seit diesem Jahr in Emmas Schulklasse. Er mag Brettspiele, wie Simon. Außerdem liebt er Volleyball und Emmas beste Freundin Linda. Die beiden sind seit zwei Monaten ein Paar.

Mama ist die Mutter von Emma und Simon. Sie ist geschieden und lebt alleine mit den Kindern. Seit einigen Monaten ist sie frisch verliebt.

Omi ist 70 Jahre alt. Sie hat eine Feriensiedlung mit vielen kleinen Bungalows in den Bergen und sie ist die tollste Omi auf der Welt.

---

im Stich lassen: alleine lassen

das Brettspiel: das spielt man zusammen an einem Tisch

die Feriensiedlung, der Bungalow: → S. 12

01

Kapitel 1: Letzter Schultag

Ferien! Sechs Wochen keine Schule, keine Hausaufgaben und jeden Morgen lange schlafen. Nach Geburtstag und Weihnachten ist das der schönste Tag im Jahr. Doch heute ist alles anders. Bis jetzt sind Emma und ihre beste Freundin Linda am letzten Schultag immer zusammen in die Eisdiele gegangen und haben den Ferienstart mit viel Eis und Sahne gefeiert. Doch heute geht Linda mit Wanja weg und Emma geht nach Hause. Allein.

Wanja ist in diesem Jahr neu in Emmas und Lindas Schulklasse gekommen. Linda hat sich sofort in ihn verliebt und seit zwei Monaten sind die beiden nun ein Paar. Deshalb ist Linda jetzt viel mit Wanja zusammen und viel weniger mit Emma. Sogar am letzten Schultag, ihrem Freundinneneisdielentag!

---

die Eisdiele: dort isst man Eis

Emma und Linda winken noch kurz zum Abschied, dann schließt Emma ihr Fahrrad auf. Nicht weinen, denkt sie, NICHT WEINEN! Da hört sie plötzlich Wanja sagen:

Die ist total langweilig.

Emma wird sauer. Sehr sauer! Warum sagt der das? Was denkt dieser Idiot sich? Er kennt mich kaum, denkt Emma, steigt auf ihr Fahrrad und fährt nach Hause. Dabei hört sie immer Wanjas Satz: ‚Die ist total langweilig.' Sollen die beiden doch denken, was sie wollen. Emma fährt morgen für sechs Wochen an den schönsten Ort der Welt. Ohne Linda. Ohne Wanja. Ich werde die beiden ganz schnell vergessen, wenn ich bei Omi in den Bergen bin, denkt Emma und fährt schneller. Und hat Mama nicht gesagt, dass es eine Überraschung gibt? Mamas Überraschungen sind immer die besten. Emma überlegt, was das sein könnte. Vielleicht ein neues Auto? Oder Tante Gerda kommt mit in den Urlaub? Oder sie machen in München eine Pause und gehen ins Deutsche Museum? Oder ...

Vor dem Haus steht das alte Auto. Das ist also nicht die Überraschung. Sie stellt ihr Fahrrad in die Garage und geht in die Küche. Simon ist auch schon da. Mama kocht und Simon redet, wie immer.

... und dann will ich wieder bis zum Berggipfel hoch. Allein. So wie letztes Jahr. Und Omi hat gesagt ...

---

winken:	der Abschied:	die Überraschung:	der Berggipfel:
→ S. 5	wenn man „tschüs" sagt	eine schöne, neue Nachricht	→ S. 12

Hallo Emma. Da bist du ja schon. Bist du nicht mit Linda Eis essen gegangen?

Nein, die ist mal wieder mit Wanja zusammen. Das ist so ein Idiot.

Wirklich? Vielleicht musst du ihn nur besser kennenlernen.

Nein danke!

Ich darf am Anfang vorne sitzen!

Okay.

Hey, was ist los? Wir streiten immer über den Sitz vorne.

Heute nicht.

Nach dem Essen starten die drei in den Urlaub. Emma sitzt hinten und Simon erzählt Mama von den Dingen, die er in diesem Urlaub bei Omi machen möchte. Er redet und redet und redet. Emma hört nicht zu. Wanjas letzter Satz ist noch immer viel zu laut in ihrem Kopf. Sie steckt sich Kopfhörer in die Ohren und macht die Musik an. Laut, damit sie lauter ist als Wanjas blöder Satz.

---

der Kopfhörer: → S. 5

02

Kapitel 2: Fahrt in den Süden

Emma? Hörst du Musik?

Ja.

Machst du bitte mal Pause?

Emma drückt auf Pause.

Ich habe euch doch gesagt, dass ich eine Überraschung für euch habe. Wollt ihr sie hören?

Oh ja! Eine Überraschung. Super!

Mama schaut in den Rückspiegel. Ihre und Emmas Blicke treffen sich. Mama macht es sehr spannend.

Jetzt sag schon.

Ich habe mich verliebt.

Wow, krieg ich einen zweiten Papa?

---

der Rückspiegel: darin schaut der Fahrer / die Fahrerin nach hinten

Mama lacht.

Wir kennen uns erst seit zwei Monaten. Das ist noch zu kurz für eine Antwort.

Kennen wir den Mann?

Ich glaube nicht. Aber Emma, du kennst seinen Sohn.

Super! Ein Bruder. Endlich bekomme ich einen Bruder.

Emma schaut in den Rückspiegel. Etwas stimmt nicht mit Mama, denkt Emma. Das sieht sie an ihrem Mund. Der ist ganz klein und rund. Das ist er immer, wenn Mama die Worte nicht findet. Da ist etwas mit dem Sohn. Plötzlich hat Emma eine Idee. Nein, denkt Emma, sag es nicht!

Er heißt Milan und sein Sohn Wanja.

Stille!

Der Wanja von Emma?

Ja, der Wanja von Emma.

---

die Stille: wenn es sehr leise ist

Simon dreht sich um und schaut Emma an. Emma schaut aus dem Fenster. Das kann nicht wahr sein. Das muss ein Traum sein. Ein sehr, sehr schlechter Traum.

Und die beiden kommen uns bei Omi für fünf Tage besuchen.

Halt sofort an!

Emma, meine Liebe, ich verstehe, dass du das schwierig findest. Aber vielleicht ist Wanja nett. Du kennst ihn ja nicht wirklich. Linda findet ihn ja auch ...

Halt BITTE sofort an!

Wir sind auf der Autobahn. Ich kann hier nicht anhalten.

Ich will zu Papa. Bitte fahr zum nächsten Bahnhof, dann fahre ich mit dem Zug zu Papa.

Der ist nach Mallorca geflogen. Das weißt du doch. Ihr habt letzte Woche telefoniert.

---

anhalten: das Auto stoppen

Stimmt. Das hat Emma vergessen. Papa ist mit seiner neuen Frau und neuen Tochter auf Mallorca. In der Sonne. Am Meer. Und glücklich! Und Mama hat sich in den einzigen Mann verliebt, in den sie sich auf keinen Fall verlieben durfte. Sind jetzt alle Erwachsenen verrückt geworden?

Also, ich finde die Überraschung super. Einen Vater und einen Bruder. Endlich gibt es Männer in unserer Familie.

Und das Beste: Milan ist Schreiner von Beruf.

Waaas? Schreiner? Mit einer richtigen Werkstatt?

Ganz genau.

Emma geht es extrem schlecht. Das darf einfach nicht wahr sein! Wanja hat ihr die Freundin weggenommen und jetzt nimmt er auch noch ihre Familie. Ich werde kein einziges Wort mit ihm reden, beschließt Emma. Und mit Mama und diesem Milan auch nicht.

---

der Schreiner: jemand, der Möbel baut

wegnehmen: jemand nimmt etwas, dann ist es weg

beschließen: zu etwas „ja" sagen

03

Kapitel 3: Ankunft bei Omi

Als sie bei Omi ankommen, gibt es noch eine Überraschung. Aber diesmal eine gute: Emma und Simon dürfen zum ersten Mal in einem der kleinen Bungalows schlafen. Eigentlich wohnen dort nur die Touristen und Simon und Emma haben immer in Omis großem Haus geschlafen. Aber in diesem Sommer hat eine Familie den Urlaub abgesagt. Deshalb ist ein Bungalow frei.

Das ist super. Dort können wir machen, was wir wollen, und ihr seht es nicht.

Omi und Mama lachen und Simon sagt leise zu Emma:

Dann können wir die ganze Nacht Serien schauen oder spielen. Ich habe unsere Karten mitgenommen.

---

absagen: man hat etwas reserviert und sagt, dass man nicht kommt

Super! Das machen wir.

Emma spürt ein bisschen Freude in ihrem Bauch. Wenigstens ihr kleiner Bruder ist nett zu ihr. Und Wanja kommt erst in einer Woche. Emma beschließt: Jetzt werde ich den Urlaub erst mal genießen. Dann sehen wir weiter.

Wisst ihr schon, dass wir junge Kätzchen haben? Sechs Katzenbabys. Kommt mit!

Sie gehen in die große Garage. Dort stehen viele Autos. Omi hat unter der Werkzeugbank eine gemütliche Ecke für die Katzen gebaut. Und einen Zaun, denn die Katzen dürfen nicht überall hinlaufen. Das ist zu gefährlich, weil die Feriengäste mit ihren Autos rein- und rausfahren.

Sind die süüüß!

Es gibt leider ein Problem. Die Mama ist nicht da und ich glaube, sie kommt nicht mehr.

Was? Warum nicht? Wo ist sie?

---

genießen: etwas sehr schön finden

die Werkzeugbank: → S. 41

der Zaun: → S. 41

Ich weiß es nicht. Sie war seit zwei Tagen nicht mehr hier. Manchmal passiert so etwas.

Oh nein! Und jetzt?

Jetzt müsst ihr die Katzenmama sein. Schaut, ich habe schon alles eingekauft: Pulver für die Katzenmilch, Babyfläschchen ...

Emma nimmt ein kleines Kätzchen und legt es in ihre Hand. Es passt genau rein. Ganz gemütlich liegt es da.

Du bist ja ein süßes kleines Ding. Ich werde gut für dich und deine Geschwister sorgen, versprochen.

Ich auch!

Aber zuerst zeige ich euch euren Bungalow.

Die kleinen Bungalows sehen alle total gleich aus: gleiche Farbe, gleiche Größe, gleiche Terrassen ... In manchen Häusern wird gekocht, vor einem Haus sitzt eine Familie

---

das Pulver: hier: trockenes Katzenessen

gleich: es gibt keinen Unterschied

am Tisch und spielt ein Brettspiel. Vor einem anderen spielen zwei Mädchen mit einem Ball. Schließlich bleibt Omi stehen.

Simon umarmt seine Schwester.

---

umarmen: die Arme um jemand legen

Am Abend sitzen alle noch lange gemütlich in Omis Haus und erzählen. Dann gehen Simon und Emma zum Zähneputzen in das große Badehaus. Draußen ist es jetzt dunkel. Als sie durch die Feriensiedlung zu ihrem Bungalow gehen, hören sie Stimmen, Lachen und Musik. Plötzlich hören sie ein komisches Geräusch.

Schnell gehen sie in ihren Bungalow und schließen die Tür ab.

---

das Geräusch: was man hört

der Gruselfilm: ein spannender Film, der Angst macht

gruselig: wenn etwas Angst macht

04

Kapitel 4: Wanja kommt

Am nächsten Morgen erzählen Emma und Simon ihrer Omi von dem Geräusch aus dem Wald.

Im Waldhaus sind neue Menschen eingezogen. Vielleicht haben sie dieses Geräusch gemacht.

Das ist immer so: Wenn man neue Nachbarn bekommt, muss man sich an vieles gewöhnen.

Tagsüber sind Emma und Simon fast die ganze Zeit bei den Katzen. Dort gibt es viel Arbeit. Die Katzen müssen oft gefüttert werden. Außerdem brauchen sie viel Wärme und Liebe. Wenn sie schlafen wollen, kuscheln sie sich auf Emmas oder Simons Beine. Dann spielen die Geschwister Karten. Vor dem Abendessen gehen sie ins Schwimmbad und spielen Wasserball mit den anderen Kindern aus der Feriensiedlung. Und am Abend liegen Emma und Simon auf einem Bett in ihrem Bungalow und spielen ein Brettspiel oder schauen Serien. Manchmal hören sie das komische Geräusch, deshalb gehen sie immer zusammen auf die Toilette.

Die Tage sind schön. Wie jedes Jahr. Eigentlich sind sie sogar noch schöner als sonst, weil es die Katzen und den eigenen Bungalow gibt. Nur leider ist bald Sonntag und dann ist es vorbei mit den schönen Ferien. Dann wird es gruseliger als jeder Gruselfilm, denkt Emma.

---

sich gewöhnen: etwas ist neu und später kennt man es

füttern: wenn man Tieren Essen gibt

die Wärme: wenn es warm ist

kuscheln: wenn zwei Körper eng zusammen sind

Sonntagabend. Mama ist schon total nervös. Gleich kommen Wanja und sein Vater. Auf dem Tisch auf Omis Terrasse ist schon alles fertig für das große Abendessen mit den aufregenden Gästen. Mama hat gekocht und jetzt warten alle auf Milans schwarzes Auto. Auch Emma wartet. Aber sie ist nicht nervös, sondern sauer, sehr sauer!
Ich werde kein Wort mit ihm sprechen, denkt sie und schaut auf den leeren Teller vor sich. Ich werde ihn nicht ansehen, ihm nicht zuhören, nichts sagen, wenn er etwas wissen will. Nichts. Gar nichts ...

Jetzt schau nicht so böse.

In dem Moment kommt ein schwarzes Auto um die Ecke. Mama rennt zum Auto. Simon auch. Omi bleibt sitzen. Sie kann nicht mehr so gut laufen. Emma ruft laut:

Er soll bei der Garage aufpassen. Die Katzen!

Emmalein, jetzt schau nicht so unglücklich. Es ist doch schön, wenn deine Mama wieder einen Freund hat. Sie ist so oft allein.

Allein? Simon und ich sind doch da.

---

die Terrasse: draußen vor dem Haus, hier kann man sitzen

ansehen: etwas/jemanden sehen

rennen: sehr schnell laufen

Ja, aber das ist etwas anderes. Es ist schön, wenn man einen Partner hat, das verstehst du erst, wenn du größer bist.

Emma antwortet nicht. Natürlich ist es schöner, wenn man einen Partner hat, das weiß sie auch, sie ist ja kein Baby mehr! Aber sie will es nicht zugeben. Es gibt Millionen Männer auf der Welt. Warum muss Mama sich in den Vater des größten Idioten aller Zeiten verlieben? Vorsichtig schaut Emma zum Auto. Mama und Milan umarmen sich. Mama lacht. Wanja ist auch schon aus dem Auto gestiegen. Er spricht mit Simon. Jetzt lacht Simon auch. Emma steckt sich ihre Kopfhörer in die Ohren. Die anderen sollen denken, dass sie sich nicht interessiert und Musik hört. Aber sie macht die Musik nicht an. Sie möchte hören, was die anderen sagen.

Wie war die Fahrt?

Super. Papa ist gefahren und ich habe Musik gehört.

Emma hört auch immer Musik im Auto.

Wo ist Emma?

---

zugeben: sagen, dass man nicht recht hat

Sie sitzt auf der Terrasse. Kommt, ich habe gekocht. Jetzt gibt es Essen.

Prima. Ich habe großen Hunger.

Ich auch.

Sie kommen auf die Terrasse. Emma schaut wieder auf ihren leeren Teller. Jetzt ganz ruhig bleiben, denkt sie.

Emma, sie sind da!

Magst du nicht hallo sagen?

Emma nimmt ihre Kopfhörer aus den Ohren. Sie steht auf und gibt Milan die Hand.

Hallo.

Milan nimmt Emmas Hand und lächelt freundlich.

Hallo Emma. Jetzt sehen wir uns auch in den Ferien. Lustig, oder?

Na ja, lustig finde ich es nicht.

Emma setzt sich wieder. Die anderen setzen sich auch und Mama bringt das Essen. Zum Glück spricht beim Abendessen niemand mit ihr. Wahrscheinlich merken die anderen, dass ihre Laune nicht besonders gut ist. Sie sollen ruhig wissen, dass diese Aktion total bescheuert ist. Mama lacht die ganze Zeit. Viel lauter als normal. Schrecklich! Simon erzählt von den Katzen und Milan und Wanja sind begeistert. Milan schlägt vor, für die Katzen einen Spielplatz aus Holz zu bauen.

Milan lacht.

Alle lachen. Nur Emma nicht. Es nervt sie, dass Simon die beiden toll findet.

Am nächsten Morgen beim Frühstück geht es genauso weiter: Mama und Milan sind verliebt und lachen und umarmen sich die ganze Zeit. Simon und Wanja verstehen

---

bescheuert: sehr blöd

begeistert sein: etwas toll finden

nerven: nicht gut finden

genauso: hier: alles ist wie vorher

sich prima und planen ihren Tag zusammen. Omi ist nicht da, weil sie sich um Gäste kümmern muss, und Emma hat schlechte Laune.

Milan, können wir heute anfangen mit dem Spielplatz für die Katzen?

Heute noch nicht. Milan und ich gehen in die Berge. Das könnt ihr morgen machen.

Morgen aber ganz sicher, versprecht ihr das?

Na klar.

Ich gehe zu den Katzen.

Emma sieht sofort, dass ein Kätzchen fehlt. Sie sucht es in der Garage, davor und dahinter und dann findet sie es. Unter einem Auto! Sie nimmt es auf den Arm.

Sag mal, du darfst doch hier nicht einfach herumlaufen. Die Autos fahren raus und rein. Das ist gefährlich.

Sie bringt das Kätzchen zurück zu den anderen. Da sieht sie ein Loch in Omis Zaun. Sie spricht mit den Katzen:

---

die Laune: wie es jemandem geht

> Da ist ein Loch. Das muss ich reparieren, sonst lauft ihr in der Garage herum. Das dürft ihr nicht. Und wisst ihr was? Ich brauche keinen Schreiner oder Möchtegernvater für den Zaun. Den repariere ich alleine.

Sie sucht alle Dinge, die sie braucht: zwei Holzstücke, eine Säge, einen Hammer und Nägel. Das kann doch nicht so schwierig sein, denkt Emma und fängt an. Doch sie hat noch nie mit einer Säge gearbeitet. Sie sägt und sägt und sägt. Aber es klappt nicht. Das Holz ist zu hart oder die Säge zu alt oder beides. Außerdem kann sie allein das Holz nicht gut halten.

> Mist! Was mache ich jetzt? Ich kann euch hier nicht mit dem kaputten Zaun allein lassen. Das ist zu gefährlich.

Sie sucht überall in der Garage nach einer Lösung und findet schließlich einen alten Koffer, den sie vor das Loch stellt.

> So, das geht für einen Tag. Morgen hilft mir Simon hoffentlich. Ihr dürft nicht wieder auf Reisen gehen, ihr Lieben. Schön hier in der Ecke bleiben.

Der Tag wird sehr einsam für Emma. Sie ist viel bei den Katzen, dann legt sie sich auf ihr Bett und liest. Mittags isst sie allein zwei Brote. Mama und Milan sind

---

die Säge, der Hammer, der Nagel: → S. 41

sägen: wenn man eine Säge benutzt

einsam: wenn man allein ist und das nicht mag

Wandern, Omi macht einen großen Einkauf und Wanja und Simon sind auch nicht da. Sie weiß nicht, wo sie sind, und sie will es auch nicht wissen. Hoffentlich sind sie weit weg!

Beim Abendessen sitzt Wanja ihr direkt gegenüber. Schrecklich! Nachdem Mama und Milan begeistert von ihrem Ausflug in die Berge erzählt haben, will er sich mit Emma unterhalten:

Emma, was hast du heute gemacht? Ich habe dich den ganzen Tag nicht gesehen.

Der ist doch verrückt, denkt Emma. Zu Linda sagen, dass ich langweilig bin und jetzt den neuen, interessierten Bruder spielen. Nicht mit mir! Sie schaut ihm unfreundlich in die Augen. Schade, dass Blicke nicht töten können, denkt Emma und sagt:

Wieso willst du das wissen?

Emma! Bitte sei nicht so unfreundlich! Was ist denn los mit dir?

Nichts ist los. Ich habe keinen Hunger mehr. Ich gehe schlafen.

---

töten: wenn jemand stirbt durch einen anderen

Emma steht auf und geht. Sie hofft, dass Mama oder Simon sie aufhalten, aber das tun sie nicht. Sie sind viel zu glücklich und finden Milan und Wanja viel interessanter als mich, denkt Emma. Meine Familie findet also auch, dass ich langweilig bin!

Vor ihrem Bungalow hört sie wieder dieses komische Geräusch. Schnell rennt sie in den Bungalow und schließt die Tür. Hier drin hört man nichts mehr.

Simon kommt zwei Stunden später. Wanja begleitet ihn. Emma hört die beiden draußen sprechen. Dann kommt Simon ins Haus. Zum Glück ohne Wanja.

Warum bist du nicht bei uns geblieben? Wir haben alle zusammen Brettspiele gespielt. Es hat total Spaß gemacht.

Schön für euch.

Mama hat recht. Du bist total unfreundlich, und ganz besonders zu Wanja. Was hat er dir eigentlich getan?

Wanja ist ein Idiot. Ich mag ihn nicht.

---

aufhalten: jemand soll bleiben

Aber warum? Ich mag ihn.
Und Milan auch.

Er findet mich langweilig.

Langweilig? Woher willst du das wissen?

Das hat er Linda gesagt.

Wirklich? Und Linda hat es
dann dir erzählt, oder was?

Egal. Ich will jetzt schlafen.

Das ist nicht egal. Ich werde ihn
morgen fragen, ob das stimmt.

Das machst du nicht!

Warum nicht?

Darum nicht!

Ich muss jetzt ins Badehaus. Kommst du mit?

Frag doch Wanja!

Wie soll das gehen? Er ist nicht mehr da.

Emma antwortet nicht. Sie schaut in ihr Buch.

Weißt du was? Ich gehe allein. Auf so viel schlechte Laune habe ich keine Lust.

Simon nimmt seine Zahnbürste und die Zahnpasta und geht. An der Tür bleibt er noch mal stehen und schaut zu Emma. Vielleicht hofft er, dass sie ihn doch begleitet. Aber Emma bleibt hart und schaut in ihr Buch.

05 Kapitel 5: Simon ist weg!

Emma schaut auf die Uhr. Simon ist jetzt zehn Minuten weg. Das ist lang. Wahrscheinlich hat er Wanja getroffen. Emma liest weiter. Fünfzehn Minuten. Langsam wird sie unruhig. Sie legt das Buch weg. Draußen ist Stille. Emma steht auf und öffnet die Tür. Die Siedlung ist dunkel. Sie sieht zwei Lichter in anderen Bungalows, mehr nicht. Und Simon auch nicht. Jetzt ist er schon zwanzig Minuten weg. Und wenn etwas passiert ist?, denkt sie.

Emma macht in ihrem Smartphone die Taschenlampe an und geht zum Badehaus. Dort ist Simon nicht. Schnell läuft sie durch die ganze Feriensiedlung. Schaut rechts, links, geradeaus, dann wieder links und rechts … Simon ist nicht da. Emma rennt zurück zum Bungalow. Vielleicht ist er einen anderen Weg gegangen und liegt schon im Bett. Doch auch hier ist Simon nicht. Sie haben in der ersten Woche so viele Gruselfilme geschaut, dass Emma jetzt ganz schreckliche Bilder aus den Filmen im Kopf hat. Plötzlich fällt ihr ein: Er schläft bei Wanja. Natürlich. Er ist bei seinem neuen Freund Wanja, in Omis Haus, weil ich so unfreundlich war. Erleichtert legt sie sich wieder in ihr Bett. Plötzlich fühlt sie Wut. Jetzt sind Simon und Wanja auch noch in der Nacht zusammen. Das kann doch nicht sein, dass dieser Idiot ihr alles wegnimmt.
Ihr Herz schlägt bis zum Hals, so sehr ärgert sie sich. Sie will jetzt schlafen und alles vergessen: ihre Freundin, ihre Familie und den größten Idioten der Welt. Für immer!

---

die Taschenlampe: kleines Licht

erleichtert: wenn plötzlich die Angst weg ist

die Wut: großer Ärger

Doch sie kann nicht einschlafen. Sie ist zu unruhig. Was, wenn Simon nicht bei Wanja ist? Was, wenn doch etwas passiert ist? Sie steht wieder auf und geht zu Omis Haus. Wenn sie heute noch mal einschlafen will, muss sie wissen, ob Simon bei Wanja ist.

Omis Haus ist das größte der Siedlung. Sie wohnt ja auch das ganze Jahr hier und früher hat sie mit ihrer Familie in dem Haus gelebt. Es hat zwei Stockwerke. Unten sind die Küche und ein großes Wohnzimmer und im ersten Stock sind vier Schlafzimmer und das Bad.
Emma schleicht in den Garten und geht die Treppe runter in den Keller. Die Kellertür ist oft nicht abgeschlossen. Heute auch nicht. Ein Glück. Leise geht Emma durch den Keller zur Treppe nach oben ins Erdgeschoss. Hier ist alles dunkel und still. Es ist 23:30 Uhr. Wenn Mama oder Omi sie jetzt sehen, dann ... Sie darf nicht daran denken, was dann passiert. Sie hätte Simon begleiten müssen. Das hat sie versprochen. Simon muss hier sein. Alles andere wäre eine Katastrophe! Sie geht in den ersten Stock. Hier sind alle Türen geschlossen. Links neben der Treppe ist Omis Schlafzimmer. Emma schaut durch das Schlüsselloch. Es ist dunkel. Omi schläft. Sie geht weiter. Im nächsten Zimmer schlafen Mama und Milan. Auch hier ist es dunkel und ruhig. Daneben ist das Zimmer von Wanja. Emma hat Angst. Hoffentlich ist Simon da, denkt sie. Sie schaut durch das Schlüsselloch, aber sie kann nichts sehen.

Vorsichtig, sehr vorsichtig drückt Emma die Türklinke runter. Auf keinen Fall will sie Wanja wecken! Emmas

schleichen: sehr leise gehen

still: wenn Stille ist

die Katastrophe: ein sehr großes Unglück

die Türklinke: damit öffnet man die Tür

Herz klopft stark. Sie steckt ihren Kopf durch den Türspalt ins Zimmer. Es ist dunkel. Und still. Sie nimmt ihr Smartphone mit der Taschenlampe. Oh nein, nur noch fünf Prozent Akku!
Plötzlich kommt eine Stimme aus der Dunkelheit:

Mist!, denkt Emma, er hat mich gehört. Leise sagt sie:

Simon ist nicht hier! Katastrophe! Jetzt ist es egal, dass Wanja ein Idiot ist. Jetzt muss sie Simon finden.

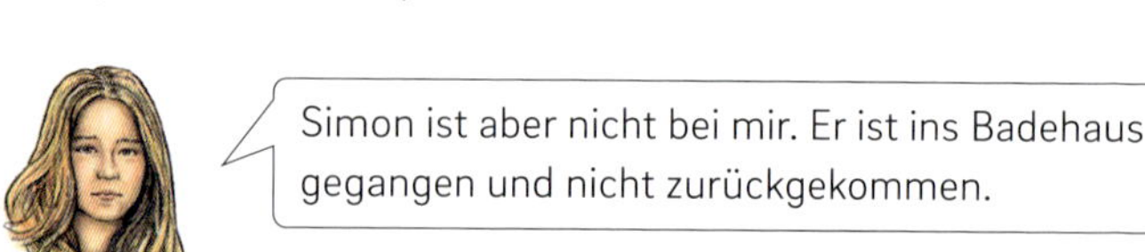

---

der Türspalt: wenn die Tür nur ein bisschen geöffnet ist

die Dunkelheit: hier ist es dunkel

War er denn allein?

Ja.

Er hat mir erzählt, dass ihr immer zusammen geht.

Ist doch jetzt egal. Er ist weg. Wir müssen ihn finden.

Okay, ich komme.

Wanja zieht sich schnell Hose und T-Shirt an.

Wir müssen unsere Eltern wecken und am besten auch gleich die Polizei rufen.

Nein, bitte nicht. Ich habe Simon allein ins Badehaus gehen lassen. Und neben dem Haus ist gleich der Wald. Meine Mutter tötet mich, wenn sie das hört.

Jetzt muss Emma weinen. Panik macht sich in ihr breit.

---

die Panik: große Angst

Also gut. Hast du schon alles abgesucht?

Ja.

Okay, dann gehen wir jetzt erst zu eurem Bungalow und schauen, ob er dort ist. Wenn nicht, sehen wir weiter.

Als sie beim Bungalow sind, hält Emma die Luft an. Simon MUSS da sein. Aber das Bett ist leer.

Was machen wir jetzt?

Emmas Stimme zittert. Plötzlich hören sie das Geräusch aus dem Wald.

Was ist das?

Ich weiß es nicht. Das hören wir schon die ganze Zeit. Omi sagt, das ist der neue Nachbar.

Sehr komisch. Kennt sie ihn?

---

zittern: schnelle Bewegungen, wenn es kalt ist oder wenn man Angst hat

Nein, der Nachbar wohnt dort noch nicht lange.

Dann gehen wir da jetzt hin. Vielleicht ist Simon dort.

Sie klettern über den Zaun. In dem Haus ist Licht, aber der Garten ist riesig. Emmas Smartphone-Akku ist jetzt leer und Wanja hat sein Smartphone nicht mitgenommen. Sie können kaum ihre Hände sehen, so dunkel ist es. Das Geräusch wird immer lauter.

Jetzt nicht verrückt werden, denkt Emma. In den vielen Gruselfilmen, die sie mit Simon gesehen hat, waren fast alle Häuser wie dieses: einsam und gruselig. Die schrecklichen Bilder aus den Filmen fliegen durch ihren Kopf. Nicht verrückt werden, denkt Emma noch mal und holt tief Luft.

Sie sind am Haus angekommen. Vorsichtig schaut Emma durch ein Fenster.

Was siehst du?

Ein Sofa. Da sitzen zwei Menschen. Der Fernseher ...

Weiter kommt sie nicht, denn in dem Moment blendet sie ein extrem helles Licht. Es blinkt. An. Aus. An.

---

riesig: sehr groß

blenden: wenn extrem helles Licht in die Augen scheint

blinken: ein Licht geht immer wieder an und aus

Was ist das?

Keine Ahnung. Hier stimmt was nicht. Wir müssen jetzt sofort die Polizei rufen.

Emma rennt so schnell sie kann zum Zaun zurück. Dabei fällt sie dreimal, weil sie nichts sieht. Wanja rennt hinter ihr. Mit letzten Kräften klettern sie über den Zaun.

Ich schließe jetzt das Smartphone an den Strom und dann rufen wir die Polizei.

Sollen wir nicht lieber erst unsere Eltern wecken?

Nein, dafür ist jetzt keine Zeit mehr. Außerdem – was hilft das? Sie können auch nicht mehr machen als wir.

Sie rennen zum Bungalow. Emma öffnet die Tür ...

Stop! Das ist nicht euer Bungalow. Das hier ist eurer.

Wanja zeigt auf den Nachbarbungalow. Emma schaut unsicher. Er hat recht. Dort steht die braune Mülltonne. Und dort ist Emmas und Simons Bungalow.

Hey, vielleicht ist Simon das gleiche passiert. Vielleicht hat er auch die Bungalows verwechselt.

Das ist eine gute Idee. Aber erst schauen wir noch in seinem Bett.

Aber Simon ist immer noch nicht da. Emma steckt ihr Smartphone an den Strom.

Das dauert jetzt ein bisschen, bis es wieder funktioniert.

Okay, in der Zeit schauen wir schnell in den Nachbarbungalows.

verwechseln: wenn man etwas Falsches nimmt, weil es ähnlich ist

Sie starten mit dem rechten. Er ist direkt am Waldrand. Sie klopfen leise. Warten. Keine Antwort. Vorsichtig drückt Wanja die Türklinke runter.

Abgeschlossen.

So ein Mist.

Emma klopft lauter. Keine Reaktion. Sie klopft noch lauter. Wieder keine Reaktion.

Die sind nicht da. Komm, lass uns weitersuchen.

Sie gehen zum linken Nachbarbungalow. Klopfen. Warten. Wieder keine Antwort. Wanja drückt die Klinke runter. Diese Tür ist nicht abgeschlossen. Leise öffnet er sie. Alles ist dunkel. Sie hören, dass hier Menschen schlafen. Wanja flüstert:

Und jetzt? Ich kann nichts sehen.

Aber ...

---

flüstern: sehr leise sprechen

Doch da hat Emma schon das Licht angemacht. In jedem Bett liegt jemand. Das Licht stört sie nicht. Sie schlafen einfach weiter. Hier sieht es total gleich aus wie in Emmas und Simons Bungalow. Emma geht zum Stockbett. Unten liegt jemand. Die Person dreht sich um. Und …

Das Licht blendet ihn. Er kann die Augen nicht aufmachen. Mit geschlossenen Augen fragt er:

Emma, was ist denn los?

Emma drückt ihren Bruder an sich.

Da bist du! Du bist da!

Emma, was hast du?

Pst, nicht so laut. Kommt, wir gehen rüber und erzählen ihm dort alles.

Emma hebt ihren Bruder hoch und trägt ihn nach draußen. Sie glaubt, dass sie in ihrem ganzen Leben noch nie so glücklich war.

---

das Stockbett: → S. 27

sich umdrehen: auf die andere Seite legen

06 Kapitel 6: Ein neuer Freund

Am nächsten Morgen beim Frühstück erzählen Emma und Wanja die ganze Geschichte. Zum Glück ist Mama nicht böse, weil Emma ihren Bruder nicht ins Badehaus begleitet hat. Sie ist viel zu froh über das glückliche Ende der Geschichte.

Ich habe auch noch eine kleine Geschichte. Seit gestern kenne ich unsere neuen Nachbarn.

Omi redet nicht weiter. Sie beißt in ihr Brötchen und trinkt gemütlich aus ihrer Kaffeetasse. Sie will es spannend machen.

Jetzt sag schon!

Da wohnt jetzt ein sehr nettes Ehepaar. Sie ist Lehrerin und er ist schon Rentner. Und die Geräusche sind seine Sprache.

Seine Sprache?

Ja, seine Sprache. Er ist nämlich gehörlos und hört sich selber nicht. Wenn er spricht, hört sich das für uns fremd an. Und weil er sich selber nicht hört, spricht er manchmal sehr laut.

Und das Licht? War das Licht das Telefon? Das habe ich mal in einem Film gesehen. Es blinkt, wenn es klingelt. Stimmt's?

Genau. Er kann ja das Telefon nicht hören, also blinkt es.

Das macht Sinn.

Also ist das doch kein Gruselschloss neben uns. Da bin ich froh.

Alle lachen. Auch Emma. Und dabei sieht sie Wanja an. Und Wanja sieht Emma an. Emma ist glücklich. Ihr Ärger über Wanja ist fast weg. Aber nur fast. Denn da ist immer noch sein blöder Satz am letzten Schultag. Als sie zusammen in der Küche das Frühstück aufräumen, nimmt Emma ihren ganzen Mut zusammen:

Sag mal, ich habe eine Frage. Wieso hast du zu Linda gesagt, dass ich langweilig bin?

Hä? Was meinst du?

---

gehörlos: wenn man nicht hören kann

der Mut: ↔ Angst

Als du mit Linda am letzten Schultag weggegangen bist, hast du gesagt, dass ich langweilig bin.

Niemals! Das habe ich nicht gesagt.

Doch, ihr habt euch Lindas Kopfhörer geteilt, seid Arm in Arm weggegangen und dann hast du gesagt: ‚Die ist doch langweilig.'

Wanja schaut Emma mit großen Augen an. Plötzlich lacht er laut.

Oh mein Gott! Die Musik! Damit habe ich Lindas Musikgeschmack gemeint. Der ist nicht nur langweilig, der ist richtig furchtbar!

Wirklich? Damit war nicht ich gemeint?

Aber nein, natürlich nicht. Du bist Lindas beste Freundin. Wie kann ich dich da langweilig finden?

Jetzt kann Emma auch endlich lachen. Vor allem über sich selbst.

Du hast übrigens recht: Lindas Musik ist schrecklich.

---

der Musikgeschmack: Musik, die man gern hört

Wir reparieren jetzt den Zaun für die Katzen. Kommt ihr?

Na klar.

Alle sind in der Garage. Mama, Milan, Wanja, Emma und Simon. Sogar Omi hilft mit. Es dauert nicht lange und dann ist der Zaun repariert. Danach bauen sie noch zusammen einen Kletterbaum für die Katzen.

Ich finde es super, dass ich jetzt einen großen Bruder habe.

Ich auch.

Das passt ja gut, denn ich habe mir schon immer Geschwister gewünscht.

zu „Wer ist wer?“ und Kapitel 1

1. Was passst zu wem? Ergänze die Buchstaben.

1 (d) ist geschieden.
2 ◯ ist Emmas kleiner Bruder.
3 ◯ ist Simons Schwester.
4 ◯ ist die Mutter von Mama.
5 ◯ ist in Linda verliebt.

2. Ergänze.

a In diesen Sommer la…se… Emma alle im S……ch.
b Simon …pie…t sehr gern Bre…ts…ie…e.
c Wanja ……d Linda sind ein P……r.
d Mama ist seit ei…i…en Wochen frisch v……li……t.
e Omi hat eine Fe…ie…sie……un… in den B…rg…n.
f Die Feriengäste bei Omi w…h…en in kleinen Bu…gal……s.

3. Was ist falsch? Korrigiere.

a Sechs Wochen keine ~~Ferien~~ und jeden Morgen lange schlafen. Schule
b Nach Geburtstag und Weihnachten ist der erste Schultag der schönste Tag im Jahr. ……
c Bis jetzt haben Emma und Linda den Ferienstart immer mit Kuchen und Sahne gefeiert. ……
d Doch heute geht Linda mit Wanja weg und Emma geht ins Kino. …… ……
e Seit zwei Monaten sind Emma und Wanja ein Paar.
……
f Emma und Linda weinen noch kurz zum Abschied.
……

1. Ergänze die Artikel und verbinde.

a *der* Rückspiegel — 2
b ...... Stille
c ...... Überraschung
d ...... Schreiner

1 Ein Mensch, der Möbel baut.
2 Darin schaut der Fahrer/ die Fahrerin nach hinten.
3 Wenn es sehr leise ist.
4 Eine schöne neue Nachricht.

07 2. Hör zu und ergänze.

Wir sind auf der Autobahn. Ich kann hier nicht anhalten. • Wow, krieg ich einen zweiten Papa? • Ich glaube nicht. Aber Emma, du kennst seinen Sohn. • ~~Oh ja! Eine Überraschung.~~ • Ja, der Wanja von Emma.

a ◆ Wollt ihr sie hören?
○ *Oh ja! Eine Überraschung.*
b ◆ Ich habe mich verliebt.
○ ......
c ▲ Kennen wir den Mann?
◆ ......
d ○ Der Wanja von Emma?
◆ ......
e ▲ Halt BITTE sofort an!
◆ ......

3. Ergänze.

Familie • ~~schlecht~~ • wahr • Wort • weggenommen

Emma geht es *schlecht* (a). Das darf einfach nicht ...... (b) sein! Wanja hat ihr die Freundin ...... (c) und jetzt nimmt er auch noch ihre ...... (d). Ich werde kein einziges ...... (e) mit ihm reden, beschließt Emma.

zu Kapitel 3

1. Was ist richtig? Kreuze an.

a Emma und Simon dürfen zum ersten Mal ...
1 ○ in einem Bungalow schlafen.
2 ○ in Omis Haus schlafen.

b Eine Familie hat den Urlaub ...
1 ○ zugesagt.
2 ○ abgesagt.

c Emma spürt ein bisschen ...
1 ○ Freude im Bauch.
2 ○ Angst vor den Touristen.

d Die Katzen wohnen ...
1 ○ im Badehaus.
2 ○ in der Garage.

e Die Katzen dürfen ...
1 ○ überall hinlaufen.
2 ○ nicht überall hinlaufen.

f Alle Bungalows sehen ...
1 ○ gleich aus.
2 ○ verschieden aus.

2. Schreib das Gegenteil.

a gemütlich ↔ ungemütlich
b schön ↔ ....
c groß ↔ ....
d dunkel ↔ ....
e gefährlich ↔ ....
f müde ↔ ....

08 **3. Hör zu und sortiere das Gespräch.**

a ○ Dann geht ihr einfach immer zusammen.
b ○ Die Toiletten sind so weit weg.
c ○ So nah am Wald?
d ○ Das machen wir.
e (1) Hier wohnt ihr.
f ○ Ist das ein Problem?
g ○ Auf keinen Fall.
h ○ Möchtest du lieber bei uns schlafen?

1. **Finde noch 8 Wörter. Schreibe die Wörter mit Artikel.**

HFUALGERÄUSCHNKSHDJKATZEDKFLEMNNACHBARDLBLE
WÄRMEJSGTHJSCHWIMMBADHFJEKNSHHND
FERIENSIEDLUNGLKWMSHBUNGALOWJUDHEN
GRUSELFILMDJEIPTERRASSEKDLF

der ...., ..., ...

das Geräusch, ...

die ...., ..., ..., ...

2. **Ergänze die Verben in der richtigen Form.**

Ich werde kein Wort mit ihm (a) .... (sprechen), (b) .... (denken) Emma und (c) .... (schauen) auf den Teller vor sich. Ich werde ihn nicht (d) .... (ansehen), ihm nicht (e) .... (zuhören), nichts (f) .... (sagen), wenn er etwas wissen (g) .... (wollen).

3. **Wer spricht? Schreibe E (Emma) oder S (Simon).**

a E Wanja ist ein Idiot. Ich mag ihn nicht.
b ..... Er findet mich langweilig.
c ..... Woher willst du das wissen?
d ..... Und Linda hat es dann dir erzählt, oder was?
e ..... Ich will jetzt schlafen.
f ..... Ich werde ihn morgen fragen, ob das stimmt.
g ..... Ich muss jetzt ins Badehaus. Kommst du mit?
h ..... Frag doch Wanja.

zu Kapitel 5

1. Ergänze.

Kata • Dun • sel • spalt • Wut • heit • kel • ~~Taschen~~
Schlüs • loch • strophe • Pa • nik • Tür • ~~lampe~~

a Eine Taschenlampe macht Licht.
b In der .... kann man nicht gut sehen.
c Wenn man sehr, sehr sauer ist, spürt man ....
d Eine großes Unglück ist eine .... und dann kann man .... bekommen.
e Wenn die Tür nur ein bisschen geöffnet ist, kann man durch einen .... sehen.
f Durch ein .... kann man manchmal sehen, was im Zimmer passiert.

09 2. Richtig oder falsch? Hör zu und kreuze an.

	r	f
a Das Badehaus ist das größte der Siedlung.	○	○
b Omis Haus hat zwei Stockwerke	○	○
c Die Kellertür von Omis Haus ist offen.	○	○
d Im Erdgeschoss ist es hell und still.	○	○
e Emma klopft an Wanjas Zimmertür.	○	○
f Simon schläft bei Wanja.	○	○

3. Welche Antwort passt? Verbinde.

a War er denn allein?
b Ist Simon bei dir?
c Was siehst du?
d Sollen wir nicht erst unsere Eltern wecken?

1 Ein Sofa. Da sitzen zwei Menschen.
2 Ja.
3 Nein, dafür ist keine Zeit.
4 Nein, er ist zu dir gegangen.

1. Wie heißen die Wörter? Schreibe mit Artikel.

a *die Säge*

b

c

d

e

f

2. Sortiere die Wörter und schreibe die Antworten.

a Wer macht das Geräusch im Nachbarhaus?

Das Geräusch macht ein gehörloser Rentner.

Rentner • macht • Das Geräusch • gehörloser • ein

b Was haben Linda und Wanja geteilt?

Kopfhörer • haben • geteilt • Sie • die

c Was hat Wanja gesagt?

ist • langweilig • doch • Die

d Was meinte er mit dem Satz?

meinte • Er • Musikgeschmack • Lindas • damit

e Über wen lacht Emma?

sich • Über • selbst

f Wie findet Emma Lindas Musikgeschmack?

ihn • findet • schrecklich • Sie

LÖSUNGEN

„Wer ist wer?" und Kapitel 1

1. 2 a, 3 c, 4 e, 5 b
2. a lassen, Stich, b spielt, Brettspiele, c und, Paar, d einigen, verliebt, e Feriensiedlung, Bergen, f wohnen, Bungalows
3. b ~~erste~~ letzte, c ~~Kuchen~~ Eis, d ~~ins Kino~~ nach Hause, e ~~Emma~~ Linda f ~~weinen~~ winken

Kapitel 2

1. b 3 die, c 4 die, d 1 der
2. b Wow, krieg ich einen zweiten Papa? c Ich glaube nicht. Aber Emma, du kennst seinen Sohn. d Ja, der Wanja von Emma. e Wir sind auf der Autobahn. Ich kann hier nicht anhalten.
3. b wahr, c weggenommen, d Familie, e Wort

Kapitel 3

1. a 1, b 2, c 1, d 2, e 2, f 1
2. b hässlich, c klein, d hell, e ungefährlich, f wach
3. a 7, b 4, c 2, d 8, e 1, f 3, g 6, h 5

Kapitel 4

1. der Nachbar, Bungalow, Gruselfilm, das Schwimmbad, die Katze, Wärme, Feriensiedlung, Terrasse
2. a sprechen, b denkt, c schaut, d ansehen, e zuhören, f sagen, g will
3. b E, c S, d S, e E, f S, g S, h E

Kapitel 5

1. b Dunkelheit, c Wut, d Katastrophe, Panik, e Türspalt, f Schlüsselloch
2. *richtig:* b, c; *falsch:* a, d, e, f
3. b 4, c 1, d 3

Kapitel 6

1. b der Nagel, c die Zange, d der Hammer, e die Werkzeugbank, f der Zaun
2. b Sie haben die Kopfhörer geteilt. c Die ist doch langweilig. d Er meinte damit Lindas Musikgeschmack. e Über sich selbst. f Sie findet ihn schrecklich.